Bibliografische Information der Deutschen Nationalbibliothek:

Die Deutsche Bibliothek verzeichnet diese Publikation in der Deutschen National-
bibliografie; detaillierte bibliografische Daten sind im Internet über http://dnb.d-
nb.de/ abrufbar.

Impressum:

Copyright © 2016 GRIN Verlag, Open Publishing GmbH
Druck und Bindung: Books on Demand GmbH, Norderstedt Germany
ISBN: 9783668491489

Dieses Buch bei GRIN:

http://www.grin.com/de/e-book/371213/green-it-einsatzmoeglichkeiten-und-risiken-
fuer-mittelstaendische-unternehmen

Alexander Kloska

Green IT. Einsatzmöglichkeiten und Risiken für mittelständische Unternehmen

GRIN Verlag

FOM Hochschule für Oekonomie & Management
Standort: Köln

Berufsbegleitender Studiengang zum: Master of Science (M.Sc.) Finance & Accounting
3. Semester

Hausarbeit in
IT-Management

Green IT – Einsatzmöglichkeiten und Risiken für mittelständische Unternehmen

Inhaltsverzeichnis

Abkürzungsverzeichnis

BLFU	Bayerische Landesamt für Umwelt
BMWT	Bundesministerium für Wirtschaft und Technologie
BUIS	Betriebliches Umweltinformationssystem
CO_2	Kohlenstoffdioxid
dena	Deutsche Energie-Agentur
HDD	Hard Disk Drive
IfM	Institut für Mittelstandsforschung
IKT	Informations- und Kommunikationstechnik
OECD	Organisation für wirtschaftliche Zusammenarbeit und Entwicklung
RoHS	Restrictions of the use of certain Hazardous Substances
SSD	Solid State Drive
TWh	Terawattstunde
WEEE	Waste of Electrical and Electronic Equipment

Abbildungsverzeichnis

1. Einleitung

1.1 Problemstellung

„Keine Generation darf mehr verbrauchen, als sie wieder regenerieren kann. Das bedeutet, dass wir sowohl in der Zusammenführung von Ökonomie und sozialer Balance als auch in der Zusammenführung von Ökologie und Ökonomie vor riesigen Aufgaben stehen."[1]

Unternehmen sehen sich immer größeren Wettbewerbsdruck ausgesetzt, wodurch effiziente Prozess- und Kostenstrukturen, um beispielsweise schneller auf Kundenbedürfnisse und Marktveränderungen reagieren zu können, an Bedeutung gewinnen. Dabei spielen auch Informations- und Kommunikationstechnologien (IKT) eine tragende Rolle, denn kaum ein Geschäftsprozess wird heutzutage ohne IT-Unterstützung durchgeführt. Um der Wettbewerbssituation Stand zu halten, hat sich das Thema Nachhaltigkeit als ein bedeutendes unternehmerisches Handlungsfeld entwickelt. Nicht nur in ökonomischen Handlungsfeldern sondern auch in ökologischen und sozialen Bereichen ist Nachhaltigkeit für den wirtschaftlichen Erfolg mitverantwortlich geworden. In der IT-Industrie ist dabei der Begriff Green IT entstanden. Auf der einen Seite wird damit der Beitrag zur Umweltschonung durch Ressourcen- und Energieeinsparung von IT-Infrastrukturen verstanden, auf der anderen Seite unterstützt sie Unternehmen im Hinblick auf Nachhaltigkeitsziele, zum Beispiel durch den Einsatz von innovativen IT-Technologien.

Die IT-Industrie hat eine hohe ökonomische Bedeutung. Durch den Übergang der Weltwirtschaften von Industrie- zu Informationsgesellschaften ist sie einer der am stärksten wachsenden Märkte. Der deutsche IT-Markt allein weist ein Volumen von 81,1 Milliarden Euro in 2015 auf.[2] Allerdings darf ihr ökologischer Einfluss nicht außer Acht gelassen werden. Aufgrund ihres hohen Energiebedarfes sind IKT nicht sehr ressourcenschonend. Im Jahr 2001 lag ihr Anteil am Gesamtstromverbrauch bei 10,5 % (55 TWh).[3] Bis 2020 wird ein Anstieg von 20 % auf 67 TWh prognostiziert, welcher hauptsächlich dem Equipment in Rechenzentren und dem Personal-Computer-Bereich

---

[1] Bundeskanzlerin Angela Merkel auf der 11. Jahreskonferenz des Rates für nachhaltige Entwicklung (20.06.2011).
[2] Vgl. Statista, (2016), o.S.
[3] Vgl. Fraunhofer-Institut, (2009), S. 11.

zugerechnet werden kann.[4] Durch das anfangs beschriebene Zusammenspiel von IT und unternehmerischen Handeln, besteht hier jedoch die Möglichkeit, einen positiven Einfluss auf die Energiebilanz von Unternehmen zu nehmen. Die aufgeführten Fakten untermauern die Notwendigkeit, aber auch die Komplexität einer ökonomischen sowie ökologischen Nachhaltigkeitsstrategie beim Einsatz von IT-Infrastrukturen.

1.2 Zielsetzung und Vorgehensweise

Die Möglichkeiten wie Unternehmen von Green IT profitieren können, soll in der vorliegenden Arbeit herausgestellt werden. Dabei wird sich auf die dem Mittelstand zugehörigen Unternehmen fokussiert. Zum Mittelstand gehören per Definition des Instituts für Mittelstandsforschung (IfM) solche Unternehmen, deren Jahresumsatz sich auf weniger als 50 Millionen Euro beziffert und die gleichzeitig eine Mitarbeiteranzahl von unter 500 Angestellten haben. Geht man nach dieser Definition gehören 99 % der deutschen Unternehmen dem Mittelstand an. Das verleiht dem Mittelstand seinen Namen als Motor oder Rückgrat der deutschen Wirtschaft.[5]

Kapitel 1 liefert zunächst die Problemstellung, Zielsetzung sowie die Vorgehensweise der Hausarbeit. In Kapitel 2 wird Green IT allgemein vorgestellt, indem der Begriff definiert und die historische Entwicklung aufgezeigt wird. Anschließend werden im dritten Kapitel die Einsatzmöglichkeiten, untergliedert in vier Maßnahmen, herausgestellt, mit welchen Unternehmen von Green IT profitieren können. Das vierte Kapitel schildert daraufhin die mit Green IT verbundenen Risiken bevor im fünften und letzten Kapitel das Fazit der Arbeit gezogen wird.

---

[4] Vgl. Fraunhofer-Institut, (2009), S. 66.
[5] Vgl. IfM, (2013), o.S.

2. Green IT

2.1 Definition

In Anlehnung an die Definition von Green IT durch die Organisation für wirtschaftliche Zusammenarbeit und Entwicklung (OECD) wird Green IT im Folgenden definiert. Abbildung 1 stellt dabei die verschiedenen Ebenen von Green IT dar.

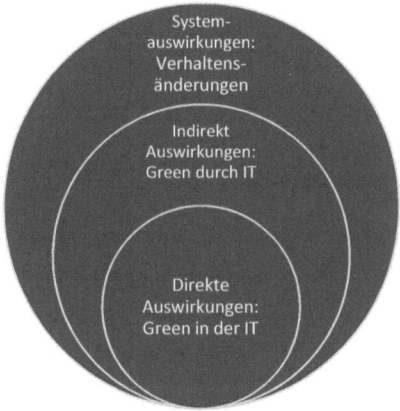

Abbildung 1: Die verschiedenen Ebenen von Green IT[6]

Im inneren Kreis sind die direkten Auswirkungen von Green IT zusammengefasst. Damit sind alle Aspekte der IT gemeint, die einen positiven als auch negativen Einfluss auf die Umwelt haben. Das sind beispielsweise effiziente Komponenten wie der effektive Einsatz von Energieressourcen aber auch die Produktion solcher Komponenten. Oftmals wird auch hier von der Definition „Green in der IT" gesprochen. Zusammenfassend ist die Optimierung des Ressourcenverbrauches während der Herstellung, des Betriebs und der Entsorgung gemeint.[7]

Der mittlere Kreis behandelt die indirekten Auswirkungen. Damit sind alle Auswirkungen gemeint, die einen Einfluss auf das ökonomische als auch auf das soziale Umfeld haben. Es beeinflusst beispielsweise, wie andere Produkte umweltfreundlicher hergestellt werden. In der Literatur wird oftmals von „Green durch IT" gesprochen.

---

[6] Vgl. OECD, (2010), S. 8.
[7] Vgl. OECD, (2010), S. 9.

Damit werden Energieeinsparungen durch den Einsatz von IT gemeint, wenn beispielweise Dienstreisen durch Videokonferenzen ersetzt werden.[8]

Der äußere Kreis behandelt Systemauswirkungen und die damit einhergehenden Verhaltensänderungen sowie nicht-technische Faktoren. Beispiele hierfür sind Entscheidungen, die auf Grundlage von IT gestützten Systemen getroffen werden.[9] Allerdings ist dieser Aspekt der Definition von Green IT nicht weit verbreitet und es muss hinterfragt werden, wie sehr sich Industrie und Konsumenten von Green IT in seinen Entscheidungen beeinflussen und leiten lassen. In der Arbeit wird sich auf Green-IT-Aspekte aus den ersten beiden Kreisen konzentriert.

2.2 Historische Entwicklung

Im Jahr 2007 tauchte der Begriff Green IT erstmals in wissenschaftlichen Publikationen auf.[10] Allerdings haben Bestrebungen zur Einsparung von Ressourcen und Energie von Informationstechniken schon vor mehreren Jahren begonnen. Um die historische Entwicklung der Green IT darzustellen, muss diese in Verbindung mit der Entwicklung des Nachhaltigkeitsgedanken integrativ betrachtet werden. Neben dem allgemeinen gesellschaftlichen Bewusstsein von Nachhaltigkeit und der Reduzierung von negativen Einflüssen auf die Umwelt hat sich dieses Denken auch im IT-Umfeld entwickelt. Folgend werden einige fundamentale Entwicklungsschritte aufgeführt.

Den wohl ersten Schritt zur Entwicklung des Nachhaltigkeitsgedanken erfolgte durch die Veröffentlichung des Berichts „Our Common Future" von der United Nations World Commission on Environment and Development im Jahre 1987. Der Bericht gibt eine bis heute anerkannte und viel zitierte Definition zur Nachhaltigkeit.[11]

Im Jahr 1992 wurde in den USA aufgrund des steigenden Stromverbrauchs das Energy Star Label eingeführt. Es gilt als Gütesiegel für energiesparende IT-Produkte.[12] Im Jahr 2003 wurde der Energy Star Label in der Europäischen Union eingeführt, was zur Entstehung eines weltweit anerkannten Gütesiegels führte.[13]

---

[8] Ebd.
[9] Vgl. OECD, (2010), S. 10.
[10] Vgl. Zarnekow R./Kolbe L., (2013), S. 17.
[11] Vgl. Zarnekow R./Kolbe L., (2013), S. 16.
[12] Vgl. Energy Star, (2013), o.S.
[13] Vgl. Zarnekow R./Kolbe L., (2013), S. 16.

Einen indirekten Einfluss auf das Nachhaltigkeitsbewusstsein in der IT-Branche hatte das 1997 veröffentliche Kyoto-Protokoll der Vereinten Nationen. In diesem Zusatzprotokoll zum Rahmenübereinkommen über Klimaänderungen verpflichteten sich 193 Nationen zur Reduzierung des CO_2-Ausstoßes.[14]

In 2003 wurden von der EU die sogenannten RoHS-Richtlinien (Restrictions of the use of certain Hazardous Substances) eingeführt. Diese regulieren beispielweise die Verwendung bestimmter schädlicher Rohstoffe wie Quecksilber und Blei.[15]

Durch die Verabschiedung der WEEE-Richtlinie (Waste of Electrical and Electronic Equipment) in 2003[16] wurden Hersteller verpflichtet, bereits bei der Produktion Vorkehrungen für die spätere Wiederverwendung zu treffen und Altgeräte von den Konsumenten kostenlos entgegenzunehmen und die Entsorgung zu finanzieren.[17]

Ein weiterer Schritt in Richtung Green IT war der im Jahr 2006 von der Umweltbehörde Greenpeace eingeführte „Guide to Greener Electronics", durch den Hersteller über eine Ampelskala nach ökologischer Kriterien bewertet werden.[18]

Aufgrund der Weltwirtschaftskrise im Jahr 2007 bestand die Gefahr, dass das Augenmerk auf Nachhaltigkeit vernachlässigt würde. Jedoch beinhalteten viele Konjunkturpakete Investitionen in umweltschonende und ökologische Technologien. Alleine in Deutschland wurde eine Investitionssumme von fast sechs Milliarden für solche Technologien festgelegt.[19] Ziel von Vertretern der Bundesregierung, Wirtschaft und Forschung war es, Deutschland zum Vorreiter im Bereich der Green IT zu machen.[20]

Momentan sind der Green IT verwandte Themen wie Virtualisierung oder Cloud Computing in den Medien eher omnipräsent. Dadurch ergibt sich die Möglichkeit, Green IT außerhalb des öffentlichen Blickfelds zu fördern und weiterzuentwickeln. Unterstützt werden diese Bemühungen beispielsweise durch die 2012 verabschiedete Energieeffizienz-Richtlinie der EU, welche eine Energieeinsparung von 20 % bis 2020 festlegt.[21]

---

[14] Vgl. Vereinte Nationen, (1999), o.S.
[15] Vgl. Europäische Parlament, (2011), S. 13
[16] Vgl. Europäische Parlament, (2011), S. 1.
[17] Vgl. Bundesministerium der Justiz, (2005), S. 5.
[18] Vgl. Zarnekow R./Kolbe L., (2013), S. 17.
[19] Vgl. OECD, (2010), S. 13.
[20] Vgl. BMWT, (2010), S.10.
[21] Vgl. Fraunhofer-Institut, (2013), S.15.

3. Einsatzmöglichkeiten

Das Fraunhofer-Institut teilt Green IT und die daraus resultierende Maßnahmen in die vier Themenbereiche *Green Information, Green Components, Green Network* und *Green Computing* auf. Im Folgenden werde diese kurz definiert und Maßnahmen für mittelständische Unternehmen ermittelt.

3.1 Green Information

Unter dem Aspekt *Green Information* werden alle Maßnahmen zusammengefasst, welche Informationen mit Bezug auf Nachhaltigkeit bereitstellen. Dazu zählen beispielsweise Energieeffizienzmessungen anhand derer Optimierungen vorgenommen werden können.[22] Für die erfolgreiche Umsetzung einer Green-IT-Strategie kann auf Informationen solcher Art nicht mehr verzichtet werden. Dazu kann zum einen zur Erfassung als zum anderen zur Planung und Steuerung von Gegenmaßnahmen auf Betriebliche Umweltsysteme (BUIS) zurückgegriffen werden.[23] Diese können besonders in Hinblick auf den Energie- und Materialverbrauch rentabel sein. Zudem können Sie zur Kontrolle der Einhaltung von Umweltrichtlinien genutzt werden.[24] Es wird aus Kostengründen jedoch empfohlen, von unabhängigen Insellösungen abzusehen und Systeme zu verwenden, welche in bestehende ERP-Systeme integriert werden können.[25]

Eine weitere Möglichkeit ist der Einsatz von sogenannten Smart Metern. Unter einem Smart Meter versteht man ein Messsystem, das „den tatsächlichen Energieverbrauch und die tatsächliche Nutzungszeit widerspiegelt".[26] Die Informationen, die solche Messsysteme bereitstellen, können sowohl dem Verbraucher bzw. Kunden als auch dem Stromerzeuger dienen. Für den Kunden kann der Verbrauch bewusster erfolgen, genauer kalkuliert und Schwachstellen aufgedeckt werden. Die entstehende Preistransparenz kann zu stärkerem Wettbewerb im Energiesektor führen, wodurch Stromerzeuger durch beispielsweise flexible Preisgestaltung Anreize schaffen können, den Stromverbrauch zu verringern.[27]

---

22 Vgl. Fraunhofer-Institut, (2009), S. 96.
23 Vgl. Ratenstrauch C., (1999), S.11.
24 Vgl. Haasis H., (1999), S. 1 ff.
25 Vgl. Meyer J., (2011), S. 278.
26 Bundesministerium der Justiz, (2005), S. 53.
27 Vgl. BMWT, (2013), o.S.

Eine zusätzliche und nicht zu unterschätzende Maßnahme ist die Sensibilisierung von Mitarbeitern für das Thema Green IT. Durch Schulungen kann den Mitarbeitern ein Umweltbewusstsein beim täglichen Umgang mit den Gerätschaften vermittelt werden. Das betrifft simple Maßnahmen wie zum Beispiel das Ausschalten der Geräte nach Beendigung des Arbeitstages. Außerdem herrscht in der Dematerialisierung ein hohes Einsparpotenzial, indem beispielweise Ausdrücke verringert werden. Zudem sollten die Mitarbeiter frühzeitig über die Umsetzung von Green-IT-Maßnahmen informiert und eingebunden werden. So entwickelt sich eine größere Akzeptanz für eine umweltbewussten Arbeitsweise und zukünftige Projekte. [28]

3.2 Green Components

Mit Components ist nichts anderes als die Hardware der IT-Systeme gemeint. In deutschen Unternehmen gab es in 2010 ca. 26,5 Millionen Endgeräte. Der größte Anteil fällt auf Desktop-PCs und Laptops.[29] Die Anzahl von Rechenzentren und Serverschränken beläuft sich auf mehr als eine Million.[30] Die Einsparmöglichkeiten in der Hardware sind erheblich. Laut einer Studie der Deutschen Energie-Agentur (dena) können Unternehmen mit 130 Mitarbeitern bei konsequenter Umsetzung von Green-IT-Strategien bis zu 75 % der IT-Stromkosten reduzieren.[31] Weitere Studien gehen sogar davon aus, dass mittelständische Unternehmen beim Einsatz von energieeffizienter Hardware und IT-Peripherien mit langen Erneuerungszyklen bis zu 75 % der Betriebskosten einsparen können.[32] Dennoch spielte das Energiesparpotenzial bei vielen Unternehmen in der Beschaffung neuer Hardware nur eine geringe Rolle. Als Gründe sind hier unklare Zuständigkeiten oder fehlende Richtlinien zur Nutzung von energieeffizienter Hardware zu nennen. Das verdeutlicht, dass beim Einkauf neue Beschaffungskriterien geschaffen werden müssen. Die Anschaffungskosten als Hauptkritikpunkt sollten um Kriterien wie Energieeffizienz und umweltgerechte Entsorgung erweitert werden. Der Einkauf neuer Hardware sollte über den gesamten Zeitraum seines Lebenszyklus betrachtet werden. Bei der Kostenrechnung kann sich dabei an Öko-Labels wie dem Energy Star orientiert werden.

---

[28] Vgl. BLFU, (2012), S. 17 ff.
[29] Vgl. Borderstep Institut für Innovation und Nachhaltigkeit, (2012), S. 50.
[30] Vgl. Umweltbundesamt, (2010), S. 13.
[31] Vgl. dena, (2012), S.7.
[32] Vgl. Beauftragte der Bundesregierung für Informationstechnik, (2011), S. 95.

Daneben gibt es bei der Hardware technische Neuerungen, wodurch der Energieverbrauch stark reduziert werden kann. Unternehmen könnten sogenannte Solid State Drives (SSD) einsetzen. Diese Flashspeicher haben einen deutlich niedrigeren Strom- und Kühlungsbedarf als die noch weit verbreiteten Hard Disk Drives (HDD).[33] Durch den Einsatz kann dabei vor allem in Rechenzentren ein großer Energieanteil eingespart werden. Denn in den Rechenzentren wird 35 bis 50 % der Energie für Kühlung verbraucht.[34]

Eine weitere Maßnahme ist der Einsatz von Thin Clients oder auch Terminals genannt. Bei Thin Clients handelt es sich um Endgeräte, welche die Rechenleistung von externen Servern zur Verfügung gestellt bekommen. Die Datenverarbeitung findet komplett auf diesen Servern statt. Dadurch benötigen die Thin Clients keine Komponenten wie Festplatten oder Lüfter.[35] Thin Clients haben den Vorteil von niedrigen Beschaffungs- und Betriebskosten. Zudem sind die aufgrund der kompakten Ausstattung weniger wartungsintensiv. Die Wartungskosten belaufen sich auf immerhin ca. 80 % der Gesamtkosten eines Computer-Arbeitsplatzes. Ein weiterer Vorteil ist die hohe Lebensdauer, welche ungefähr doppelt so hoch ist wie die von Desktop-PCs. Da bei Thin Clients auf bewegliche Teile verzichtet werden kann, sind diese weniger fehleranfällig.[36] Besonders interessant werden die Thin Clients für Unternehmen aufgrund ihres niedrigen Stromverbrauchs im Vergleich zu Desktop-PCs, welcher mehr als doppelt so gering ist. Dadurch können alleine bei den Stromkosten ungefähr 64 € pro Thin Client eingespart werden.[37] Ebenso stellt der Einsatz von Notebooks eine Alternative zu den herkömmlichen Desktop-PCs dar. Der Energieverbrauch ist ähnlich gering wie der von Thin Clients. Allerdings haben sie höhere Anschaffungskosten und einen geringeren Lebenszyklus sowie Schwachstellen im stationären Gebrauch.

Abschließend muss erwähnt werden, dass bei der Einkaufsentscheidung die Anforderung an die Rechenleistung ebenfalls in Betracht gezogen werden muss. Bei hohem Bedarf stellen die Desktop-PCs hier trotz ökologischer Schwachstellen die beste Lösung dar. Bei geringerem Bedarf und einer größeren Anzahl an Nutzern sind Thin Clients in Bezug auf Kostenfragen die beste Option.[38]

---

[33] Vgl. Wüst K., (2009), S. 37.
[34] Vgl. Gartner, (2008), o.S.
[35] Vgl. Fraunhofer-Institut, (2008), S. 10.
[36] Vgl. Bitkom, (2008), S. 6 ff.
[37] Ebd.
[38] Vgl. Bitkom, (2010), S. 3.

13

3.3 Green Networks

Für die Etablierung von flächendeckenden Green-IT-Strategien wird ein ausgebautes Breitbandnetz vorausgesetzt.[39] Das Stromnetz ist eines dieser Netze. Erweitert mit Informations- und Kommunikationstechnik wird es zum Smart Grid.[40] Unter Smart Grid versteht man die „intelligente Nutzung aller zur Verfügung stehenden Ressourcen sowie [...] die Optimierung und Integration des Gesamtsystems der Elektrizitätsversorgung"[41] die „von der Gewinnung des Stroms über die Speicherung, den Transport, die Verteilung bis hin zur effizienten Verwendung"[42] ausreicht. Durch den Wechsel zu erneuerbaren Energien und den geplanten Atomausstieg sind Smart Grids verstärkt ins Blickfeld gerückt. Doch auf den ersten Blick erscheinen sie weniger als Maßnahmen für Unternehmen, sondern mehr als ein politisches Aufgabengebiet. Allerdings ergeben sich für Unternehmen durch den Aufbau intelligenter Stromnetze neue Marktpotenziale, da es zu einem partiellen Zusammenschluss der Energie- und ITK-Branche kommen kann.[43] Beispielsweise kann die Vorhersage für die Stromeinspeisung erneuerbarer Energie ein neues Geschäftsfeld darstellen, welches durch innovative Softwarelösungen bei relativ niedrigen Entwicklungskosten und hohem Umsatzpotenzial erschlossen werden kann.[44] Green Network bietet mittelständischen Unternehmen also großes Potenzial bei den Zielen der Kostensenkung und Geschäftsfelderschließung. Weiteres Umsatzpotenzial liegt dabei in den Bereich Mobilität und Logistik. Der Einsatz von Softwarelösungen zur Verbesserung der Transportrouten und –auslastung ist bereits weit verbreitet und birgt nur noch geringes Potenzial. Fokussiert werden sollten IT-Systeme, die Einfluss auf das Fahrverhalten nehmen und den Verkehrsfluss steuern. Das erhöht die Effizienz der Fuhrpark und kann zu hohen Kosteneinsparungen führen.[45] Unternehmen sollten ebenfalls die Optimierung ihrer Mobilitätskonzepte in Betracht ziehen. Eine gute Möglichkeit Kosten einzusparen besteht darin, indem man Geschäftsreisen durch Videokonferenzen ersetzt. Alleine in 2016 kam der deutsche Mittelstand auf ca. 138 Millionen Geschäftsreisen, die mit ca. 37 Milliarden Euro Kosten verbunden waren.[46] Allerdings stößt die Umstellung bislang auf wenig

[39] Vgl. Fraunhofer-Institut, (2009), S. 97.
[40] Vgl. Borderstep Institut für Innovation und Nachhaltigkeit, (2012), S. 58 ff.
[41] BMWT, (2013), S.12.
[42] Ebd.
[43] Vgl. BMWT, (2010), S.7.
[44] Vgl. Boston Consulting Group, (2010), S. 51 f.
[45] Vgl. Boston Consulting Group, (2010), S. 42.
[46] Vgl. Verband deutsches Reisemanagement, (2016), S. 5.

Akzeptanz, da viele Unternehmen die hohen Anschaffungskosten für Konferenzsysteme scheuen.[47] Studien zeigen jedoch, dass sich solche Systeme innerhalb des ersten Jahres amortisieren.[48] Das in den letzten Jahren immer populärer werdende Einführen von Home Office stellt eine weitere Gelegenheit der Verbesserung der Ökobilanz eines Unternehmens dar. Zudem können Unternehmen ihr Firmenimage verbessern, indem Arbeitswege durch Fahrten mit dem Fahrrad oder dem öffentlichen Nahverkehr subventioniert werden.

3.4 Green Computing

Die wohl größten Einsparungen können Unternehmen in diesem Bereich erzielen. Allgemein versteht man darunter den Einsatz von IT-Systemen unter ökologischen Aspekten. Besonders bei Rechenzentren liegt hier ein hohes Einsparpotenzial. Im Jahr 2008 wurden im Mittelstand ca. 1,3 Millionen Server in Rechenzentren betrieben, welche für Energiekosten in Höhe von 488 Millionen Euro verantwortlich waren.[49] Das größte Problem fast aller Rechenzentren ist die geringe Auslastung der Server, welche durchschnittlich nur zwischen zehn und 30 % liegt.[50] Das stellt in dem Fall ein Problem dar, da Server auch im Leerlauf fast 70 % der Energie verbrauchen, die sie unter Komplettauslastung benötigen würden.[51] Zur Problembehebung bieten sich Virtualisierungstechniken an. Dadurch wird die Auslastung und gleichzeitig die Effizienz der Server erhöht. „Bei der Virtualisierung wird mithilfe von Software das Vorhandensein von Hardware simuliert und ein virtuelles Computersystem erstellt. Auf diese Weise können Unternehmen mehr als nur ein virtuelles System – und mehrere Betriebssysteme und Anwendungen – auf einem einzigen Server ausführen."[52] Durch den Einsatz von Virtualisierung werden die Kühlungskosten reduziert, wodurch bis zu 75 % des Energieverbrauches eingespart werden können.[53] Je nach Größe der Rechenzentren sind die Virtualisierungstechniken auch auf den Mittelstand übertragbar. Bei kleinen Unternehmen stellt die Virtualisierung nicht zwingend einen rentablen Nutzen dar und ist mit hohem Administrationsaufwand verbunden. Allerdings gibt es

---

[47] Vgl. Boston Consulting Group, (2010), S. 59.
[48] Vgl. dena, (2012), S.19.
[49] Vgl. Borderstep Institut für Innovation und Nachhaltigkeit, (2012), S. 4.
[50] Vgl. Cato A./Schreiber H., (2010), S. 217.
[51] Vgl. Umweltbundesamt, (2010), S. 77.
[52] VMware, (o.J), o.S.
[53] Vgl. Boston Consulting Group, (2010), S. 23.

attraktive Optionen wie Outsourcing, Konsolidierung und Contracting. Beim Outsourcing werden die Serverstrukturen auf externe Rechenzentren umgelegt und der Zugriff über eine Cloud gewährleistet. Bislang haben jedoch rund 85 % der Kleinunternehmen noch kein Vertrauen zum Cloud Computing gefunden.[54] Eine Möglichkeit diese Skepsis zu verringern wäre ein Zusammenschluss der Unternehmen in Verbundgruppen. Die konsolidierten Server könnten dann in gemeinsamen Rechenzentren betrieben werden, die unternehmerische Selbstständigkeit bliebe aber weiterhin erhalten. Wie bei der Virtualisierung ergeben sich hier Vorteile wie geringe IT-Kosten, eine höhere Energieeffizienz und bessere Auslastung.[55]

Sollten Unternehmen sich dazu entscheiden ein eigenes Rechenzentrum betreiben, können durch sogenanntes Contracting Energiesparpotenziale erreicht werden. Mit „Energie-Contracting ist ein integriertes Energiedienstleistungprodukt [gemeint], um die Energie- und Kosteneffizienz [...] langfristig zu verbessern. Ein externer Energiedienstleister [...] erbringt ein modulares Maßnahmenpaket [...]. Der Contractor übernimmt technisch-wirtschaftliche Risiken und gibt Garantien für die Kosten und Ergebnisse der Energiedienstleistung über die gesamte Vertragslaufzeit."[56] Was bisher überwiegend für Gebäude und Produktionsanlegen angewendet wird, könnte ebenso für Rechenzentren etabliert werden. In dem Fall würde der Contractor Schwachstellen der Rechenzentren ermitteln und Einsparpotenziale aufdecken und beheben. Durch die Ausweitung ergeben sich den Unternehmen garantierte Einsparungen. Im Gegenzug wird der Contractor an den Einsparungen beteiligt. Diese Strategie bietet Unternehmen die Möglichkeit ohne Investitionskapital eine Green-IT-Maßnahme einzuführen. Zudem ergeben sich potenzielle Geschäftsfelder, indem z.B. selbst als Berater für Energie-Contracting aufgetreten werden kann.[57]

---

[54] Vgl. Vanson, (2012), S. 11.
[55] Vgl. Beauftragte der Bundesregierung für Informationstechnik, (2011), S. 18.
[56] Prognos, (2010), S. 35.
[57] Vgl. Prognos, (2010), S. 49.

4. Risiken

Trotz vieler Möglichkeiten und Optimierungspotenziale dürfen die potenziellen Risiken, die sich aus der Etablierung von Green-IT-Strategien ergeben können, nicht ignoriert werden. Um Unternehmen Verbesserungswege aufzuzeigen und damit gegebenenfalls ihr Handeln zu beeinflussen, ist es wichtig, sie ebenfalls auf Risiken aufmerksam zu machen. Nur so können nachhaltige unternehmerische Entscheidungen getroffen werden.

Auch in der Green IT treten gewisse Risiken auf. Das sehr wahrscheinlich größte und für Unternehmen bedeutendste Risiko sind die hohen Kosten, die durch die Etablierung von Green-IT-Strategien verursacht werden. Wie bei jeder Investition fallen am Beginn zunächst hohe monetäre Aufwendungen an, ehe diese sich über einen gewissen Zeitraum amortisieren und rentabel werden. Bei Studien wurde eine durchschnittliche Amortisationszeit von vier Jahren für Green-IT-Strategien festgestellt.[58] Die hohen Anschaffungskosten fallen vor allen in den Bereichen *Green Components* an. Beispielsweise liegen die Anschaffungskosten für einen Laptop oftmals über denen von herkömmlichen Desktop-PCs. Auch die angesprochen SSD-Flashspeicher, welche erhebliche Vorteile in Bezug auf den Stromverbrauch bieten, liegen in den Einkaufspreisen noch deutlich über den HDD-Speichern. Ein weiterer Nachteil ist, dass alte Hardware, Kühlsysteme oder andere Geräte ausgetauscht und durch neue ersetzt werden müssen. Auch dies führt zunächst zu erhöhten Kosten. Aufgrund dieses Investitionsrisikos scheitern immerhin noch 43 % der angedachten Green-IT-Maßnahmen.[59]

Um in einem Unternehmen Kosten durch den Einsatz von Green IT sparen zu können, muss zuerst geplant werden, wo dies überhaupt möglich ist. Das ist ein sehr zeitaufwendiger Prozess, weil es für jedes Unternehmen andere Möglichkeiten gibt Green IT einzusetzen. Eventuell muss für die Planung oder Umsetzung ein externes Unternehmen beauftragt werden, um den derzeitigen Stand des Unternehmens zu analysieren und Verbesserungsmöglichkeiten zu finden. Diese Maßnahme ist mit einer aufwändigen Identifikationsphase und Analyse verbunden, deren Komplexität mit der Anzahl der betriebenen Verfahren stark zunimmt Dies würde zu weiteren Kosten führen. Des Weiteren muss eine Migration der IT-Verfahren durchgeführt werden, die

---

[58] Vgl. Deutsche Bank Research, (2010), S. 81.
[59] Ebd.

in ihrem Aufwand erst nach der Analyse genau bestimmt werden kann.[60] Das kann beispielsweise an dem Verfahren des Energy-Contracting verdeutlicht werden. Für dieses noch neue Verfahren gibt es kaum Erfahrungswerte oder Kennzahlen. Für die Unternehmen, die sich als Pioniere mit diesem Thema beschäftigten, tritt immer ein exponentiell höheres Risiko auf als bei bereits im Markt etablierten Strategien.

Ebenfalls treten auch bei dem Maßnahmenpunkt Cloud Computing eine nicht geringe Anzahl an Risiken auf. Die grundlegende Eigenschaft der Cloud, dass Daten "irgendwo" gespeichert werden, kann schnell zu einem Nachteil werden. So werden geschäftsinterne Daten und das Know-how des Unternehmens extern gespeichert und verwaltet. Werden Geschäftsprozesse in die Cloud verlagert, begibt sich ein Unternehmen in eine starke Abhängigkeit vom jeweiligen Anbieter. Geht dieser Anbieter insolvent oder muss aus anderen Gründen den Geschäftsbetrieb einstellen, entsteht hier eine Gefahr um die Kundendaten. Oftmals besteht keine Chance, auf die Rohdaten direkt zuzugreifen. Außerdem können diese Daten oft ohne die passende Software nicht mehr weiterverwendet werden. Da auf viele Dienste über das Internet zugegriffen wird, entstehen zusätzliche Abhängigkeiten. Besteht keine Internetverbindung zum Anbieter, ist kein Arbeiten mehr möglich. Es kann an einer Unterbrechung des eigenen Internetanschlusses liegen oder an einer Unterbrechung im jeweiligen Rechenzentrum. Da die benötigte Netzwerkinfrastruktur deutlich komplexer ist als beim lokalen Betrieb, erhöht sich das Risiko einer Unterbrechung. Diese Störungen können so gravierend sein, dass Daten unwiederruflich verloren gehen können. Ebenfalls spielen auch Einflussfaktoren eine Rolle, die nicht auf den ersten Blick offensichtlich sind. Der Wechsel eines Cloud-Anbieters ist nicht ohne weiteres möglich, da ein automatischer Umzug nicht vorgesehen ist und die Anbieter untereinander inkompatibel sind. Mittlerweile gibt es zwar erste Ansätze für die Entwicklung von Standards im Cloud Computing, um beispielsweise Daten zwischen Anbietern auszutauschen und somit einen Wechsel des Anbieters vorzunehmen. Jedoch braucht diese Entwicklung noch einige Zeit um sich als Standard zu etablieren.[61]

Ein weiteres Risiko stellt die Verlagerung des Energieverbrauchs in die Rechenzentren dar. Durch die Erhöhung der Cloud Computing Dienste werden in den Rechenzentren immer weitere Server benötigt, die den Energieverbrauch erhöhen. Dazu gehört neben der reinen Versorgung von Server-Kernkomponenten auch deren Kühlung. Durch

---

[60] Vgl. Beauftragte der Bundesregierung für Informationstechnik, (2013), S. 76.
[61] Vgl. Beauftragte der Bundesregierung für Informationstechnik, (2013), S. 34 ff.

Konsolidierung der Server können zwar gewisse Einsparungen erzielt werden, der erwartete, fortwährende Bedarf nach mehr Rechenleistung und Speicherkapazität wird Techniken wie der Virtualisierung jedoch früher oder später physikalische Grenzen setzen. Der Neubau von Rechenzentren ist daher als sicher anzusehen, was sich wiederum negativ auf die Betriebskosten auswirken wird.[62]

---

[62] Vgl. Hermann W., (2008), o.S.

5. Fazit

Die vorliegende Arbeit konnte zeigen, dass unter dem Begriff Green IT eine Vielzahl von Aspekten zusammengefasst sind. Damit sind zum einen energieeffiziente Hardware und IT-Infrastrukturen sowie nachhaltige IT unterstützte Lösungen innerhalb als auch außerhalb der IT-Landschaft eines Unternehmens gemeint. Es wurde deutlich, dass durch die dargestellten Maßnahmen im Rahmen des *Green Information, Green Components, Green Networks* und *Green Computing* neben ökologischen Verbesserungen auch Kostenvorteile, Effizienzsteigerungen und die öffentliche Wahrnehmung verbessert werden kann. Weiterhin wird flexibel agierenden Unternehmen die Möglichkeit gegeben, sich durch die Beratung oder Entwicklung effizienter Systemlösungen neue Geschäftsfelder aufzubauen. Dennoch stellt sich die Situation bei mittelständischen Unternehmen etwas abstrus dar. Fast die Hälfte der Unternehmen lehnen Maßnahmen der Green IT aus Kostengründen ab. Doch gerade diese Maßnahmen würden bei immer weiter steigenden Energiepreisen und –verbrauch Kostenvorteile nach sich ziehen. Aus diesem Grund ist es für Unternehmen besonders wichtig, die Maßnahmen im Rahmen einer Kosten-Nutzen-Analyse zu untersuchen. Letztendlich können nur solche Maßnahmen empfohlen werden, welche bei akzeptablen Preisen einen gerechtfertigten Nutzen hinsichtlich Ressourceneinsparung bieten. Die aufgedeckten Risiken von Green IT können dabei als Anhaltspunkt für Unternehmensentscheidungen genommen werden. Es wurde herausgestellt, dass trotz aller Vorteile der Green IT diese nicht zu unterschätzen sind. Dabei spielt bei allen vorgestellten Maßnahmen, unabhängig ob mittelständisches Unternehmen oder Großkonzern, die fehlende Vergleichbarkeit und Verfügbarkeit von Kennzahlen eine große Rolle. Auf dieser Problematik sollte die nächsten Jahre ein Fokus gelegt werden, da sonst zu große Potenziale der Green IT verschenkt werden könnten.

Dennoch bietet sich Green IT für die in der Problemstellung zitierte Aufgabenstellung von der Zusammenführung von Ökonomie und Ökologie als ein wichtiger Lösungsweg an. Green IT und die Informations- und Kommunikationstechnologie allgemein wird eine tragende Rolle bei der Erreichung der weltweiten Umweltziele, des Atomausstiegs und der schrittweisen Etablierung erneuerbarer Energien sein. Es kann davon ausgegangen werden, dass die Beziehung zwischen Ökonomie und Ökologie zukünftig nicht mehr getrennt voneinander betrachtet werden kann und hier immer stärker wachsende Synergien entstehen.

Literaturverzeichnis

Bayerische Landesamt für Umwelt (2009): Mitarbeitermotivation für
umweltbewusstes Verhalten. Ein Leitfaden für Umweltbeauftragte in Unternehmen. In:
http://www.hannover.ihk.de/fileadmin/data/Dokumente/Leitfaden_Mitarbeitermotivatio
n.pdf, Abruf am 24.07.2016.

Bitkom (2010): Thin Client & Server Based Computing. In:
https://www.bitkom.org/Bitkom/Publikationen/Thin-Client-Server-Based-
Computing.html, Abruf am 26.07.2016.

Bitkom (2008): Thin Client & Server Based Computing - Anwendung in kleineren
Unternehmen. In: https://www.bitkom.org/Bitkom/Publikationen/Thin-Client-Server-
Based-Computing-Anwendung-in-kleineren-Unternehmen.html, Abruf am 26.07.2016

Borderstep Institut für Innovation und Nachhaltigkeit (2012): Gutachten zum
Thema „Green IT □Nachhaltigkeit". In: http://www.borderstep.de/projekte/green-it-
nachhaltigkeit/, Abruf am 16.06.2016.

Die Beauftragte der Bundesregierung für Informationstechnik (2011): Green-IT.
Ein Leitfaden zur Optimierung des Energie verbrauchs des IT-Betriebs. In:
http://docplayer.org/1438109-Green-it-ein-ein-leitfaden-zur-optimierung-
energieverbrauchs-des-it-betriebes-version-1-0-optimierung-des-energiever-
brauchs.html, Abruf am 22.07.2016.

Bundesministerium der Justiz (2005): Gesetz über das Inverkehrbringen, die
Rücknahme und die umweltverträgliche Entsorgung von Elektro- und Elektronikgeräten
(Elektro- und Elektronikgerätegesetz - ElektroG). In:
https://www.bvmed.de/download/elektrog.pdf, Abruf am 24.07.2016.

Bundesministerium für Wirtschaft und Technologie (2010): E-Energy: IKT-
basiertes Energiesystem der Zukunft. In:
https://www.bmwi.de/BMWi/Redaktion/PDF/Publikationen/ Technologie-und-
Innovation/e-energy-ikt-basiertes-energiesystem-der-zukunft,property
=pdf,bereich=bmwi,sprache=de,rwb=true.pdf, Abruf am 24.07.2016.

Bundesministerium für Wirtschaft und Technologie (o.J.): Aktionsplan: Green IT-
Pionier Deutschland. In:
http://www.digitale-
technologien.de/DT/Navigation/DE/Service/Abgelaufene_Programme/E-Energy/e-
energy.html/documents/BMWI_Brosch_E_Energy, Abruf am 24.07.2016.

Bundesministerium für Wirtschaft und Technologie (2013): Intelligente Netze und
intelligente Zähler - Smart Grids/Smart Meter. In:
http://www.bmwi.de/DE/Themen/Energie/Stromnetz, Abruf am 22.07.2016.

Cato, A.; Schreiber, H. (2010): Climate Save Computing – Energie und
Ressourceneffizienz in der IT. In: Spath, D. et al. (Hrsg.): Green Office, Ökonomische
und ökologische Potenziale nachhaltiger Arbeits- und Bürogestaltung. Gabler,
Wiesbaden 2010, S. 213-226.

Das Europäische Parlament und der Rat der Europäischen Union (2003):
Richtlinie 2002/96/EG des Europäischen Parlaments und des Rates vom 27. Januar
2003 über Elektro- und Elektroni-Altgeräte. In: http://eur-lex.europa.eu/legal-
content/DE/TXT/?uri=celex%3A32002L0096, Abruf am 16.06.2016

Das Europäische Parlament und der Rat der Europäischen Union (2011):
Richtlinie 2011/65/EU des Europäischen Parlaments und des Rates vom 8. Juni 2011
zur Beschränkung der Verwendung bestimmter gefährlicher Stoffe in Elektro- und
Elektronikgeräten (Neufassung). In: http://eur-lex.europa.eu/legal-
content/DE/TXT/?uri=CELEX%3A32011L0065, Abruf am 16.06.2016.

Deutsche Bank Research (2010): Green IT – Mehr als eine Modeerscheinung. In: http://www.dbresearch.de/PROD/DBR_INTERNET_DE-PROD/PROD0000000000264705 .PDF, Abruf am 29.07.2016.

Deutsche Energie-Agentur (2012): Green IT: Potenzial für die Zukunft. In: http://www.dena.de/fileadmin/user_upload/Publikationen/Stromnutzung/Dokumente/Gr eenIT_Potenziale_fuer_die_Zukunft.pdf, Abruf am 14.06.2015.

Energy Star (2013): About ENERGY STAR. In: https://www.energystar.gov/about, Abruf am 22.07.2016.

Fraunhofer-Institut für Umwelt-, Sicherheits- und Energietechnik (2010): PC vs. Thin Client. Wirtschaftlichkeitsbetrachtung. In: http://publica.fraunhofer.de/starweb/pub09/ servlet.starweb, Abruf am 22.07.2016.

Fraunhofer-Institut für Umwelt-, Sicherheits- und Energietechnik (2008): Ökologischer Vergleich der Klimarelevanz von PC und Thin Client Arbeitsplatzgeräten 2008. In: http://publica.fraunhofer.de/starweb/pub09/servlet.starweb, Abruf am 22.07.2016.

Fraunhofer-Institut für Zuverlässigkeit und Mikrointegration (o.J.): Green-IT Dossier. In: http://www.digitale-technologien.de/DT/Navigation/DE/Service/AbgelaufeneProgramme /IT2Green/it2green.html/docume, Abruf am 26.06.2016.

Gartner (2008): Gartner Says Companies Can Save 1 Million Kilowatt Hours by Implementing 11 Best Practices in the Data Center. In: http://www.gartner.com/newsroom/id/799812, Abruf am 24.07.2016.

Haasis, H. (1999): Anforderungen an Betriebliche Umweltinformationssysteme (BUIS). In: Lutz, U. et al. (Hrsg.): Betriebliches Umweltmanagement. Kapitel 04.03. 13. Nachlieferung. Springer Verlag, Berlin 1999, S. 1-13.

Herrmann, W. (2008): Dynamic IT mit Cloud Computing. In: http://www.tecchannel.de/server/virtualisierung/1759881/dynamic_it_mit_cloud_comp uting/, Abruf am 24.07.2016.

Institut für Mittelstandsforschung Bonn (o.J.): KMU-Definition des IfM Bonn. In: http://www.ifm-bonn.org/definitionen/kmu-definition-des-ifm-bonn/, Abruf am 22.07.2016.

Meyer, J. (2011): Nachhaltigkeit in kleinen und mittleren Unternehmen. Eul Verlag, Köln 2011.

Organisation for economic co-operation and development (2010): Greener and Smarter. ICTs, the Environment and Climate Change. In: http://www.oecd.org/site/stitff/45983022.pdf, Abruf am 24.07.2016.

Official Journal of the European Union (2003): Council Decision of 8 April 2003. In: http://www.eu-energystar.org/, Abruf am 22.07.2016.

Prognos AG (2010): Rolle und Bedeutung von Energieeffizienz und Energiedienstleistungen in KMU. In: http://www.prognos.com/publikationen/allepublikatio nen/239/show/742fb68ea15d73788c321dbdfe07bc9c/, Abruf am 29.07.2016.

Rautenstrauch, C. (1999): Betriebliche Umweltinformationssysteme: Grundlagen, Konzepte und Systeme. Springer Verlag, Berlin 1999.

Statista (2016): Umsatz im Bereich Informationstechnik in Deutschland von 2007 bis 2016 (in Milliarden Euro). In: http://de.statista.com/statistik/daten/studie/189877/umfrage/markt volumen-im-bereich-informationstechnik-in-deutschland-seit-2007/, Abruf am 22.07.2016.

The Boston Consulting Group (2010): SMART 2020 Addendum Deutschland. Die IKT-Industrie als treibende Kraft auf dem Weg zu nachhaltigem Klimaschutz. In: http://www.green-it-wegweiser.de/Green-IT/Navigation/Service/informationsmaterialien,did=458298.html, Abruf am 21.07.2016.

Umweltbundesamt (2010): Materialbestand der Rechenzentren in Deutschland. Eine Bestandsaufnahme zur Ermittlung von Ressourcen- und Energieeinsatz. In: https://www.umweltbundesamt.de/publikationen/materialbestand-rechenzentren-in-deutschland, Abruf am 23.04.2016.

Vanson Bourne (2012): Der Umgang mit veränderten IT-Anforderungen: Ein europäischer Bericht über Server und Storage für Kleinunternehmen. In: http://www.dell.com/learn/de/de/debsdr3/business~smb~sb360~de/documents~17595-servers-storage-report-feb-2012-pdf-v02-sm-lr-de.pdf, Abruf am 24.07.2016.

Vereinte Nationen (1999): Das Protokoll von Kyoto zum Rahmenübereinkommen der Vereinten Nationen über Klimaänderungen. In: http://unfccc.int/resource/docs/convkp/kpger .pdf, Abruf am 25.07.2016.

VMware (2016): Virtualization – Was bedeutet Virtualisierung? In: http://www.vmware.com/de/solutions/virtualization.html, Abruf am 26.07.2016.

Wüst, K. (2009): Mikroprozessortechnik. Grundlagen, Architekturen und Programmierung von Mikroprozessoren, Mikrocontrollern und Signalprozessoren. Vieweg + Teubner, Wiesbaden 2009.

Zarnekow, R. (2013): Green IT - Erkenntnisse und Best Practices aus Fallstudien. Springer Verlag. Berlin 2013.